AF482831

EXPLORATION

SCIENTIFIQUE

DE LA TUNISIE

PUBLIÉE

SOUS LES AUSPICES DU MINISTÈRE DE L'INSTRUCTION PUBLIQUE

PALÉONTOLOGIE

ÉCHINIDES JURASSIQUES

EXPLORATION SCIENTIFIQUE DE LA TUNISIE

DESCRIPTION

DES

ÉCHINIDES FOSSILES

DES TERRAINS JURASSIQUES

DE LA TUNISIE

RECUEILLIS PAR M. LE MESLE

MEMBRE DE LA MISSION DE L'EXPLORATION SCIENTIFIQUE DE LA TUNISIE

PAR

VICTOR GAUTHIER

PARIS

IMPRIMERIE NATIONALE

M DCCC XCVI

Nous avons déjà publié, en 1889, une *Description des Échinides recueillis en Tunisie* par M. Philippe Thomas. Les terrains étudiés alors par notre savant confrère appartenaient presque tous à la période crétacée, et quelques-uns à la période tertiaire. Depuis cette publication, M. Le Mesle a pénétré dans les régions du Sud-Est de la Régence jusqu'au delà du 33ᵉ degré de latitude; il y a rencontré des strates jurassiques d'un assez grand développement qu'il a rapportées aux diverses zones du Kimméridgien. Nous publions la liste des Échinides de ces terrains : bien que les espèces soient peu nombreuses, elles ont, à nos yeux, une importance considérable, car les auteurs qui ont parlé du Sud de la Tunisie ont cru généralement que cette région était entièrement tertiaire ou plus récente. Cependant, en 1883, nous avions déjà signalé en Algérie, à une centaine de kilomètres au Sud-Ouest de Géryville, la présence de contreforts jurassiques s'étendant jusque vers l'Atlas marocain et visités pour la première fois par M. le commandant Durand. L'existence de couches kimméridgiennes au Sud de la Tunisie, à une latitude sensiblement la même, n'a donc rien d'extraordinaire. Mais les géologues ont si rarement pénétré dans ces régions difficiles, que les fossiles recueillis par notre confrère et ami acquièrent par là même une grande valeur, et les quelques pages que nous consacrons à la description des Échinodermes ne renferment pas, à notre sens, les documents les moins précieux pour la science parmi les richesses amassées par la Mission.

Novembre 1893.

DESCRIPTION

DES

ÉCHINIDES JURASSIQUES

RECUEILLIS EN TUNISIE.

I

ÉCHINIDES RECUEILLIS AU SUD DES GRANDS CHOTTS.

Pygurus Meslei Gauthier, pl. XXXII, fig. 1-3.

DIMENSIONS.

Longueur..... 69 millim.	Largeur....... 65 millim.	Hauteur ...... 20 millim.
— 73	— 70	— 20
— 82	— 80	

Espèce de grande taille, peu élevée, presque aussi large que longue, régulièrement ovale, sauf en avant, où elle est assez élargie et tronquée en ligne droite sans sinus appréciable; un peu rétrécie en arrière, mais sans former de rostre, en courbe régulière sur les côtés; partie supérieure convexe, très déprimée, avec une petite saillie conique à l'apex; bord médiocrement épais, arrondi, sans ondulations inférieures; dessous presque plat, du moins autant que nous permet de le constater l'état de nos trois exemplaires. Appareil apical presque central, un peu porté en avant, 33/69, 37/82, au sommet de figure. — Aires ambulacraires superficielles, larges et longues, atteignant presque le bord où les branches se rapprochent étroitement sans se fermer. Les pétales antérieurs sont fortement divergents; les postérieurs le sont moins, laissant entre eux la même distance qu'entre l'un d'eux et l'antérieur du même côté. Zones porifères larges, atteignant jusqu'à 4 millimètres dans leur partie la plus développée; pores internes ronds; pores externes allongés, réunis aux internes par un mince sillon. L'espace interzonaire est un peu plus large que l'une des zones, l'ensemble excédant 13 millimètres. — Aires interambulacraires aiguës près du sommet, s'élargissant très rapidement; les trois postérieures à peu près égales, les antérieures 2 et 3 un peu plus

Échinides.2

réduites. — La partie inférieure de l'oursin nous est inconnue, nos exemplaires étant empâtés d'un calcaire très dur; nous ne pouvons donc rien dire ni du péristome, ni du périprocte.

RAPPORTS ET DIFFÉRENCES. — La forme presque régulièrement ovale de cette espèce la distingue facilement des autres types du Corallien supérieur et du Kimméridgien, comme les *P. Blumenbachi* Ag. et *P. Royerianus* Cott. Le *P. Haussmanni* Ag. est plus rétréci en arrière et en avant, moins tronqué au bord antérieur, dénué de saillie subconique au sommet, et les bords latéraux présentent en outre des ondulations qui n'existent pas dans l'espèce tunisienne. Notre type nouveau se rapproche davantage du *P. Jurensis* Marcou, mais elle en est encore bien distincte par son pourtour moins élargi entre les ambulacres latéraux et ses bords non onduleux. Il se rapprocherait plutôt des espèces algériennes du même horizon, *P. Durandi*, *P. Geryvillensis* Per. et Gauth., de ce dernier surtout; toutefois on ne saurait les réunir : l'espèce tunisienne est tronquée en ligne droite en avant, tandis que l'autre forme un sinus rentrant sensiblement; la forme générale est moins convexe, le bord plus épais, la partie postérieure plus rétrécie, et la face inférieure, quoique non visible, certainement moins concave. Malgré l'insuffisance de nos trois exemplaires, dont nous ne voyons que la partie supérieure, il ne nous paraît pas douteux que nous ne soyons en présence d'un type nouveau.

Ksar-Dagra près de Tataouine, un peu au-dessous du 33ᵉ degré de latitude Nord, et au delà du 8ᵉ degré de longitude Est, sur le piton le plus élevé qui porte le poste optique du Tlalet. — Kimméridgien?

Holectypus corallinus, pl. XXXII, fig. 4-5; d'Orbigny [1850]; Peron et Gauthier, *Ann. des sc. géolog.* IV. — *Échin. foss. de l'Algérie*, 13, 1873; Cotteau, Peron et Gauthier, *Échin. foss. de l'Alg.*, fasc. I, p. 39, 1883; Gauthier, Assoc. franç. pour l'avanc. des sc. Congrès de Paris, 433, 1889.

Exemplaire de taille moyenne, arrondi au pourtour, renflé à la partie supérieure avec une tendance à devenir subconique; bord arrondi; face inférieure presque plane, un peu déprimée au milieu. — Appareil apical placé au sommet de figure, central, montrant quatre pores génitaux portés par des plaques très irrégulièrement pentagonales, et cinq pores ocellaires dans les angles externes. Les quatre plaques génitales perforées sont en contact; le madréporide, presque central, est rattaché à la plaque antérieure de droite; la cinquième génitale, bien visible mais imperforée, est placée entre les deux ocellaires qu'elle sépare. — Aires ambulacraires superficielles, aiguës au sommet, s'élargissant progressivement. Les zones porifères, très étroites, sont formées de paires superposées et serrées de petits pores arrondis, obliques réciproquement. — Aires interambulacraires larges à l'ambitus, portant un grand nombre de rangées de tubercules, dont deux seulement atteignent le sommet. Ces tubercules se développent beaucoup plus au bord inférieur, où ils forment des cercles

concentriques. — Péristome inconnu; périprocte grand, ovale, tout entier
à la face inférieure.

REMARQUE. — Nous rapportons cet exemplaire à l'*H. corallinus* d'après sa forme
générale et sa position stratigraphique. La surface, usée et polie par les agents
atmosphériques, n'a point conservé les détails de la granulation qui ont une grande
importance dans la classification des *Holectypus*, et en particulier pour trois ou
quatre espèces du terrain jurassique presque identiques dans leur forme. Notre
détermination n'a donc qu'une valeur relative.

L'unique exemplaire que nous ayons pu ex·miner a été recueilli par M. Le
Mesle dans les environs du Bir Zeguellem, par 32° 42′ de latitude Nord, et 8° 12′
environ à l'Est du méridien de Paris. – Ptérocérien, selon M. Le Mesle.

Hemicidaris Zeguellensis Gauthier, pl. XXXII, fig. 6-19.

DIMENSIONS.

Diamètre......	35 millim.	Hauteur	22 millim.	Péristome.....	15 millim.
—	41	—	30		

Espèce d'assez grande taille, élevée, renflée au pourtour, arrondie et
convexe à la partie supérieure, convexe encore, mais beaucoup moins, en
dessous, fortement garnie de gros tubercules au pourtour et jusqu'au
sommet. — Appareil apical peu saillant, avec cinq plaques génitales granuleuses, subpentagonales, les deux antérieures plus développées que les
autres, surtout celle de droite qui porte le madréporide; elles sont perforées assez près du bord. Les cinq plaques ocellaires sont également
granuleuses, et les trois antérieures restent en dehors entre les angles des
génitales; les deux postérieures s'avancent jusqu'au périprocte et font
partie du bord qui limite l'appareil anal. — Aires ambulacraires très
légèrement onduleuses, s'élargissant assez vite à la partie supérieure, mais
restant presque étroites au pourtour et à la partie inférieure; elles sont
faiblement saillantes. Zones porifères à peine flexueuses, formées de pores
un peu obliques et séparés dans chaque paire par un granule; les paires,
simples et directement superposées, sont portées par des plaques entières
à la partie supérieure et jusqu'au pourtour, mais plus bas les plaques
sont composées de trois plaquettes, l'inférieure et la supérieure à suture
convexe tournée vers celle du milieu qui s'élargit à la suture médiane;
les paires se multiplient près du péristome. Zone interporifère assez
renflée, montrant de chaque côté, près du bord et à partir du péristome,
des semitubercules augmentant progressivement de volume jusqu'au cinquième, puis diminuant régulièrement mais restant crénelés et perforés,
jusqu'à la partie supérieure, et bordant l'aire de leurs deux rangées jusqu'au sommet. Les semitubercules, quoique convenablement développés,

2.

n'occasionnent pas un élargissement subit de l'aire à l'endroit qu'ils occupent, et les zones porifères qui les limitent ne dévient pas de la ligne droite. Quelques granules très fins, plus gros aux angles, couvrent la suture; mais dès que les semitubercules diminuent de volume, c'est-à-dire au pourtour et sur toute la partie supérieure, il se forme entre les deux rangées une zone miliaire, assez large et partout uniforme, de granules inégaux, serrés, qui persiste jusqu'au sommet ou du moins aussi haut qu'il reste entre les deux rangées principales un peu d'espace pour la contenir. — Aires interambulacraires excédant en largeur le triple des ambulacres, ornées de deux rangées de gros tubercules fortement crénelés, perforés, à scrobicules incomplets et confluents, au nombre de neuf ou dix par rangée, les deux qui avoisinent l'apex et le péristome étant beaucoup moins développés que les autres. Zone miliaire bien marquée, ornée de granules serrés comme ceux des ambulacres, et formant une bande limitée de chaque côté par les granules plus gros des scrobicules; cette bande granuleuse existe chez tous les individus, mais elle est naturellement plus large chez les grands exemplaires que chez ceux qui n'ont pas encore atteint tout leur développement. — Péristome subdécagonal, assez grand, muni de dix entailles branchiales accusées et relevées sur les bords. — Périprocte compris entre les plaques de l'appareil apical, presque rond, de dimensions moyennes.

Radioles le plus souvent claviformes, grands, gros, atteignant jusqu'à 55 millimètres de longueur et 15 de diamètre à l'endroit le plus renflé. Facette articulaire crénelée; bouton court, anneau saillant, collerette épaisse et très courte, réduite à 1 ou 2 millimètres; la tige, déjà grosse à cet endroit, s'élargit régulièrement jusqu'aux deux tiers de sa longueur, puis elle s'atténue rapidement pour finir en pointe plus ou moins obtuse. Le corps du radiole, quand il n'est pas trop usé par le frottement, est couvert de stries longitudinales très fines d'où émergent des lignes très rapprochées de petites épines exiguës, serrées, presque partout oblitérées sur nos exemplaires.

M. Le Mesle a recueilli un très grand nombre de ces radioles qui abondent dans une couche spéciale : ils n'ont pas été trouvés adhérents au test, et, par suite, le rapprochement que nous faisons peut être contestable. Nous sommes convaincu néanmoins que c'est bien à l'*Hemicidaris* que nous venons de décrire qu'ils appartiennent, car ils s'y adaptent parfaitement, et, de plus, l'un des six exemplaires que nous avons entre les mains a été recueilli dans la même couche que les radioles. Ils rappellent assez bien la forme et l'ornementation de la plupart des radioles de *Pseudocidaris*, et quelques-uns présentent même un commencement de l'étranglement que l'on rencontre assez fréquemment chez ces derniers, mais ils sont plus allongés, si on les compare aux radioles des *Pseudocidaris mammosa* Ag.,

Thurmanni Etallon, *clunifera* Desor, *Recchigana* Peron et Gauthier, *Lusitanica* de Loriol.

RAPPORTS ET DIFFÉRENCES. — L'*H. Zeguellensis* doit surtout être comparé à l'*H. crenularis* Agassiz, dont il a la taille et la physionomie; la disposition des gros tubercules est la même, le péristome a les mêmes dimensions; toutefois les deux espèces ne se confondent pas et la distinction est facile : chez notre type, les ambulacres sont moins sinueux, plus larges à la partie supérieure, plus étroits au pourtour et à la base où, comme nous l'avons dit, la présence des semitubercules n'occasionne pas d'élargissement local, tandis que cet élargissement est bien marqué chez l'autre espèce. La zone miliaire des ambulacres, bien développée chez notre *Hemicidaris*, n'existe pour ainsi dire pas dans la moitié supérieure rétrécie de l'*H. crenularis;* la zone miliaire des interambulacres est aussi beaucoup plus large, plus granuleuse et plus droite. A ces caractères, qui suffisent amplement pour distinguer les deux types, nous pourrions encore ajouter la saillie moins considérable et la disposition différente des plaques de l'appareil apical : nous avons dit en effet que les deux plaques ocellaires postérieures faisaient partie du cercle périproctal dans notre espèce; il n'en est pas ainsi pour l'*H. crenularis,* où les génitales forment seules le premier cycle; mais nous tenons peu de compte de ce caractère, auquel on a voulu attacher une grande importance, et qui a pour nous le tort de n'être pas constant. Nous avons sous les yeux en ce moment six appareils d'*H. crenularis :* dans quatre, les ocellaires sont complètement exclues du cercle périproctal; dans les deux autres, la postérieure de droite I s'insinue en pointe entre les deux génitales et s'avance ainsi jusqu'au bord interne.   ·

La forme des radioles, bien que nettement différente de ceux de l'*H. crenularis,* n'est pas non plus sans analogie avec eux : jusqu'aux deux tiers de leur longueur ils sont semblables, montrant la même grosseur et le même développement; mais arrivés à l'extrémité, alors que les gros radioles de l'*H. crenularis* s'élargissent jusqu'au bout, ceux de l'*H. Zeguellensis* s'atténuent, s'arrondissent et se terminent, comme nous l'avons dit, en pointe obtuse.

M. Le Mesle a rencontré cette belle espèce dans une couche à Ptérocères, à mi-chemin du sentier qui mène au poste optique du Tlalet, et à 3 kilomètres O.S.O. du Bir Zeguellem, par 32° 43′ de latitude et 8° 5′ de longitude Est.

Genre **MONODIADEMA** de Loriol (1889).

Échinide endocyclique, circulaire, assez renflé au pourtour, déprimé en dessus et en dessous. — Appareil apical inconnu, mais dont les plaques postérieures ont laissé dans l'interambulacre impair une entaille large et profonde qui rappelle celle des *Heterodiadema*. — Aires ambulacraires peu élargies, droites, n'ayant que des plaques simples et entières. Pores ronds et obliques dans chaque paire, directement superposés; point de gros tubercules, mais seulement des semitubercules très petits et uniformes, bordant en ligne droite la zone porifère, et, entre les deux rangées, des granules sans ordre régulier, la plupart presque aussi gros que les semi-tubercules. — Aires interambulacraires garnies de deux rangées de gros tubercules crénelés et perforés. — Péristome subdécagonal, fortement entaillé.

RAPPORTS ET DIFFÉRENCES. — Le caractère qui distingue particulièrement ce genre des autres Diadématidées est la disposition de ses plaques ambulacraires. La vague ressemblance que lui donne avec le genre *Heterodiadema* l'échancrure de l'inter-ambulacre postérieur perd toute sa valeur en considération des plaques simples des ambulacres. Le genre *Monodiadema* semble se rapprocher davantage des *Acrosalenia :* l'appareil étant inconnu, il manque de ce côté un caractère essentiel; d'ailleurs les plaques ambulacraires des *Acrosalenia,* semblablement disposées à la partie supérieure, sont bien plus nettement composées de trois plaquettes à l'ambitus et au-dessous.

Monodiadema Cotteaui, pl. XXXII, fig. 24-27; de Loriol, *Échin. jurass. du Portugal,* 58, pl. X, fig. 8-11 [1889].

DIMENSIONS.

Diamètre......	17 millim.	Hauteur.......	8 millim.	Péristome.....	6 millim.
—	28	—	15	—	?
—	32	—	19	—	11

Test circulaire, parfois subpentagonal par suite d'un léger renflement des aires ambulacraires, assez épais au pourtour, déprimé à la partie supérieure, surtout en arrière, pulviné à la partie inférieure avec une légère dépression pour le péristome. — Appareil apical détruit, grand et pentagonal d'après son empreinte, pénétrant, comme nous l'avons dit dans la diagnose du genre, par une entaille large et arrondie dans l'aire interambulacraire postérieure. — Aires ambulacraires à fleur de test ou légèrement renflées, droites, ne mesurant guère, à l'ambitus, que le tiers de la largeur des interambulacres, d'ailleurs s'élargissant très vite à partir du sommet et conservant presque partout la même dimension. Zones porifères rectilignes, formées de paires simples, directement superposées, les trois dernières près du péristome déviant seules, et très légèrement, de la ligne droite. Pores ronds ou à peine ovalaires, séparés par un petit renflement, un peu obliques dans chaque paire; l'interne, qui est le plus bas, s'ouvrant sur la suture de la plaque. Espace interzonaire assez large relativement, portant de chaque côté une rangée de très petits semitubercules uniformes, assez serrés, nombreux, crénelés et perforés. Entre les deux rangées se trouvent de gros granules presque égaux aux semitubercules, épars, sans ordre apparent; d'autres granules plus réduits se mêlent aux principaux. Les plaques sont étroites, tout entières et indépendantes, du moins dans les exemplaires de taille moyenne; dans les plus grands, à l'ambitus, nous croyons remarquer chez elles une tendance à se sérier par trois : la supérieure et l'inférieure portent un semitubercule près de la zone porifère; celle du milieu ne porte qu'un gros granule des rangées internes et elle aboutit à l'angle sortant de la suture, ce qui la rend un peu plus longue que les autres; elle est aussi un peu plus large à cette extrémité intérieure. Plus bas, l'aire se rétrécissant légèrement, les gros granules diminuent en nombre et la plaquette du milieu ne porte plus qu'un ou deux petits granules. Toutes les plaquettes atteignent la suture médiane sans se rétrécir sensiblement, et il y a loin de cette disposition à celle des *Heterodiadema* ou des *Acrosalenia*. — Aires interambulacraires larges, portant deux rangées de tubercules bien développés à l'ambitus, crénelés et perforés, entourés de scrobicules incomplets et confluents, au nombre de douze à treize par série. Zone miliaire large, ornée de gros granules assez uniformes, peu serrés, laissant la partie supérieure presque nue; ceux qui couronnent les scrobicules forment une rangée accentuée près de la zone porifère. — l'éristome dans une dépression peu sensible, muni de dix entailles branchiales assez profondes et relevées sur les bords; son diamètre ne mesure que le tiers de celui de l'oursin.

Nous rapportons à la même espèce le petit exemplaire de 17 millimètres cité aux Dimensions, bien qu'il présente quelques différences dans les aires ambulacraires : à l'ambitus, le semitubercule couvre la suture et occupe ainsi deux plaques; puis vient une plaque médiane ne portant qu'un ou deux granules, puis un autre semitubercule occupant de nouveau la suture de deux plaques. Cette disposition est due sans doute au jeune âge de l'individu; elle n'est pas constante partout, mais peut-être indiquerait-elle que dans la composition d'une plaque majeure, comme nous avons cru en soupçonner chez les grands individus, les trois plaquettes composantes ne devraient pas être groupées comme nous l'avons fait, c'est-à-dire une aborale avec semitubercule, une médiane avec granule interne, une adorale avec semitubercule, mais plutôt deux aborales avec un semitubercule sur chacune et une adorale ne portant que le gros granule interne : la composition est si peu certaine, que nous ne pouvons rien affirmer à ce sujet.

RAPPORTS ET DIFFÉRENCES. — Nous n'hésitons pas à rapporter notre espèce tunisienne au type portugais décrit par M. de Loriol, car nous n'y saisissons pas de différence spécifique digne d'être signalée. Nous en possédons cinq exemplaires, y compris le petit; tous les grands sont malheureusement très mal conservés, et un seul nous donne très nettement l'empreinte de l'appareil apical.

Nous avons reçu communication, après avoir rédigé ce mémoire, d'un autre exemplaire du *Monodiadema Cotteaui*, provenant de la même localité que les nôtres : il était bien conservé et de grande taille. Malheureusement nous ne l'avons plus à notre disposition et nous ne pouvons pas le faire figurer. Il fait partie de la collection du regretté Heinz, de Constantine.

Djebel Tlalet, dans les mêmes régions que l'*Hemicidaris Zeguellensis*. Le petit exemplaire provient du plateau du Ksar-Dagra, à 4 kilomètres au Sud-Est, un peu au-dessus d'une couche de bois fossiles. – Étage ptérocérien? — M. de Loriol indique, en Portugal, l'horizon lusitanien.

Acrosalenia Meslei Gauthier, pl. XXXII, fig. 20-23.

DIMENSIONS.

| Diamètre...... | 29 millim. | Hauteur....(?) | 12 millim. | Péristome. .... | 11 millim. |
| — ...... | 17 | — ...... | 6 | — ..... | 7 |

Espèce de taille moyenne, subcirculaire, arrondie au pourtour, renflée à la partie supérieure mais déprimée au sommet, pulvinée ou presque plate en dessous. La hauteur ne peut pas être donnée d'une manière certaine, les deux exemplaires que nous possédons ayant été comprimés de haut en bas; toutefois le test ne devait pas être très renflé, et la hauteur indiquée pour le petit exemplaire ne doit guère s'écarter de la mesure exacte. — Appareil apical perdu chez nos deux exemplaires; l'empreinte laissée est assez grande, pentagonale, avec pointe postérieure pénétrant un peu dans l'ambulacre impair. — Aires ambulacraires droites, aiguës près du sommet, médiocrement élargies au pourtour. Zones porifères à fleur de test, formées de paires de pores assez serrées, unisériées, déviant très légèrement de la ligne droite au-dessous de l'ambitus et se multipliant un peu aux approches du péristome. Les plaques qui les portent sont tout entières à la partie supérieure, mais elles se groupent par trois à partir de l'ambitus et au-dessous, et les trois paires de pores forment un arc peu sensible autour du tubercule. Partie interzonaire bordée de chaque côté d'une rangée de petits tubercules sur les bords mêmes de la zone porifère; les six ou sept premiers s'accroissent en s'éloignant du péristome sans atteindre un développement bien marqué; les autres diminuent ensuite progressivement, sans atténuation subite, et montent jusqu'à l'apex où ils sont très petits et néanmoins toujours crénelés et perforés; nous en comptons dix-huit dans chaque rangée sur le grand exemplaire et quatorze ou quinze sur le petit. Une couronne de granules, incomplète du côté de la zone porifère, entoure chaque tubercule et forme ainsi deux rangées entre chacun d'eux et deux également dans la zone miliaire où se trouvent aussi quelques granules plus petits. — Aires interambulacraires larges relativement, portant deux rangées de tubercules crénelés et perforés qui augmentent vite de volume à partir du péristome et diminuent très sensiblement à la partie supérieure. Il y en a onze dans chaque rangée : les plus gros sont 4, 5, 6 et 7 ; le huitième est déjà très diminué, et les trois plus rapprochés du sommet sont très amoindris. Les scrobicules sont bien marqués autour des plus développés, presque circulaires ; les deux rangées de granules qui ceignent les tubercules voisins se réduisent à une entre les plus gros ; extérieurement, la couronne de granules touche la zone porifère. La zone miliaire est assez bien garnie de granules uniformes montant jusqu'en haut et ne laissant aucun espace nu, même près de l'apex. — Péristome subdécagonal, assez grand, situé dans une légère dépression, marqué d'entailles bien visibles.

Notre plus grand exemplaire, quoique d'une régularité extérieure parfaite, présente un cas pathologique fort curieux : à la partie supérieure, dans toutes les aires ambulacraires, une des deux zones a ses pores internes complètement atrophiés d'abord, puis réduits, sur l'espace occupé par les douze ou quinze premières paires à partir du sommet. Le pore externe est bien conformé, mais, pour les sept ou huit premières paires, il est seul ; à partir de là, on voit se dessiner le second pore, d'abord irrégulier, rond ou en fente, très petit, puis s'agrandissant et devenant normal vers la douzième ou même seulement vers la quinzième paire. La zone porifère ainsi oblitérée n'est pas toujours la même, mais ce sont toujours les pores internes qui manquent. Pour les aires ambulacraires I, II, V, c'est la zone *b* qui présente la particularité signalée ; pour III et IV, c'est la zone *a*. Le petit exemplaire est parfaitement régulier.

RAPPORTS ET DIFFÉRENCES. — L'*A. Meslei* diffère beaucoup de l'*A. angularis* Ag. par la disposition de ses tubercules interambulacraires plus rapprochés des zones porifères, par ses aires ambulacraires non renflées, par son appareil apical s'avançant moins loin en arrière. Elle est beaucoup plus voisine de l'*A. Marcoui* Cott., dont elle se distingue par ses tubercules ambulacraires plus serrés et plus nombreux, par ses tubercules interambulacraires diminuant moins subitement de volume à la partie supérieure, par sa zone miliaire plus garnie à l'ambitus et granuleuse jusqu'en haut ; la forme paraît avoir été plus basse et plus large. Toutefois les deux types ont beaucoup d'analogie et nous regrettons d'autant plus de ne pas connaître, chez l'*A. Meslei*, les plaques de l'appareil apical qui nous auraient procuré un précieux élément de comparaison, car l'appareil de l'*A. Marcoui* porte, sur ses cinq plaques génitales, des impressions caractéristiques dont l'absence ou la présence sur nos exemplaires tunisiens aurait dissipé les quelques doutes qui nous restent encore. Pour le moment, nous ne pouvons que regarder les deux types comme distincts.

Plateau du Ksar-Dagra, un peu au-dessus des bois fossiles. – Kimméridgien, selon M. Le Mesle.

RADIOLES DIVERS.

M. Le Mesle a recueilli quelques fragments de radioles très incomplets, et que par conséquent il est assez difficile de présenter comme des types nouveaux ou de rapporter sûrement à des espèces connues. Le plus important de ces radioles, long de 23 millimètres, assez gros, présente une facette articulaire fortement crénelée, un anneau bas et saillant, une collerette cylindrique et très courte; puis la tige devient aussitôt triangulaire et les angles sont garnis de fortes épines assez serrées; les faces intermédiaires sont couvertes de stries longitudinales fines et inégales, irrégulièrement entremêlées de granules épars. Ce fragment appartient sans aucun doute à un *Rhabdocidaris*, et nous ne sommes pas éloigné de l'attribuer au *Rh. Orbignyana* Desor; mais il est trop incomplet et trop isolé pour que nous puissions affirmer nettement cette attribution. Dans la même récolte se trouvent quatre ou cinq autres fragments moins épais, aplatis d'un côté, renflés de l'autre, en somme subtriangulaires; ils ne sont point garnis de grosses épines, mais les stries qu'ils portent ont encore une grande affinité avec les radioles du *Rh. Orbignyana*. Ils appartiennent probablement à la même espèce que le premier fragment et augmentent la probabilité du rapport que nous supposons sans en établir la certitude.

Le gros exemplaire a été recueilli entre le poste optique de Tataouine et le Dj. Tlalet; les autres proviennent ou du même endroit, ou de la couche à radioles d'*H. Zeguellensis*.

Des mêmes localités nous avons encore d'autres radioles, toujours petits et insuffisants, représentant des formes étrangères à l'espèce précédemment citée. L'un, qui a un diamètre de 3 millimètres au plus, avec une forme cylindrique et étranglée, était probablement porté par un petit tubercule de l'*H. Zeguellensis*; un autre, complet, a tout à fait l'apparence du radiole de l'Ardèche que M. Cotteau a désigné sous le nom de *Cidaris Chalmasi*; mais nous ne songeons nullement à transporter cette espèce aux confins du Sahara, beaucoup de types de la famille des Cidaridées présentant des radioles analogues sur les tubercules de la face inférieure.

Une série plus nombreuse, recueillie sur le plateau du Ksar-Dagra ou aux environs de Tataouine, nous montre des radioles subcylindriques, à section légèrement ovale, ne dépassant guère 3 ou 4 millimètres en diamètre, se terminant en pointe. La tige est couverte de stries longitudinales très fines, mais sa longueur exacte nous est inconnue, car aucun n'est complet. Il est néanmoins facile de présumer qu'ils pouvaient mesurer de 40 à 60 millimètres. L'anneau est mince et très saillant, la collerette épaisse et presque du même diamètre que le reste de la tige, basse et limitée par un petit cercle toujours visible; la facette articulaire est très fortement crénelée. Ces radioles ont la forme ordinaire de ceux qui appartiennent au genre *Acrosalenia* et peuvent se rapporter à l'*A. Meslei*, aux gros tubercules duquel ils semblent pouvoir bien s'adapter; mais ils pourraient aussi appartenir au *Monodiadema Cotteaui* et il ne nous est pas possible de nous prononcer en faveur de l'un ou de l'autre; les radioles du genre *Monodiadema* sont d'ailleurs complètement inconnus jusqu'ici, la découverte du test étant elle-même récente.

II

ÉCHINIDES RECUEILLIS AU NORD DES GRANDS CHOTTS.

Metaporhinus convexus (Catullo) Cotteau [1870]; Peron, *Bull. Soc. Géol.*, 2ᵉ série, t. XXIX, 187 [1872]; Cotteau, Peron et Gauthier, *Ann. des Sc. géol.*, *Échin. foss. de l'Algérie*, 17 [1875]; Coquand, *Bull. de l'Acad. d'Hippone*, XV, 223 [1880]; Cotteau, Peron et Gauthier, *Échin. foss. de l'Alg.*, 2ᵉ fasc., 17, fig. 1-11 [1884].

La longue description de cette espèce que nous avons donnée en 1884 dans les *Échinides fossiles de l'Algérie* nous dispense d'y revenir aujourd'hui. D'ailleurs les rares exemplaires recueillis jusqu'à ce jour en Tunisie sont tous en mauvais état, presque méconnaissables, et ne fourniraient matière qu'à une description insuffisante. Nous nous bornerons donc à constater la présence du *M. convexus* au centre de la Régence; il y est rare, si nous comparons les quelques exemplaires recueillis par M. Aubert à la grande quantité d'individus qu'ont rencontrés au Foum Soubella, au Djebel Bou-Thaleb, au Djebel Afghan MM. Peron et Le Mesle; mais les gisements de la Tunisie n'ont encore été qu'incomplètement explorés et peut-être y trouvera-t-on plus tard la même abondance que dans le Tithonique du Sud de Sétif.

Djebel Oust, au Sud de Tunis et au Nord-Ouest de Zaghouan. — Couches tithoniques. — Recueilli par M. l'ingénieur des mines Aubert.

Genre **PROHOLASTER** Gauthier (1896).

Nous désignons sous ce nom un type nouveau qui a tous les caractères des vrais *Collyrites* : l'appareil apical est intercalaire, le bivium est séparé du trivium et rejeté en arrière; les ambulacres pairs sont superficiels, l'impair est dans un sillon peu accentué. Le périprocte est placé en haut de la troncature postérieure; le péristome, excentrique en avant, est assez près du bord. Seulement les pores de l'ambulacre impair sont ronds, très réduits, obliques entre eux, tandis que ceux des ambulacres pairs, bien plus développés, sont allongés en fente, légèrement acuminés à la partie interne. Chez tous les *Collyrites* connus, les pores des cinq ambulacres sont semblables; les pores de l'ambulacre impair étant notablement différents des autres chez notre exemplaire, celui-ci ne peut pas être attribué à ce genre. Il n'y a entre les deux parties de l'appareil disjoint qu'une distance de 7 millimètres, bien que l'exemplaire en ait 38 de longueur : si on rapprochait les deux parties, on aurait un véritable *Holaster;* la forme du test que nous avons entre les mains est aussi celle de ce dernier genre. Trouvé dans le terrain tithonique, cet oursin est un type de transition bien manifeste qui sert de passage des *Collyrites* aux *Holaster;* il n'est malheureusement pas possible d'étudier les détails du plastron.

Proholaster Auberti Gauthier, pl. XXXII, fig. 28-31.

DIMENSIONS.

Longueur..... 38 millim. | Largeur....... 39 millim. | Hauteur ...... 22 millim.

Espèce subcirculaire, un peu plus large que longue, à peine échancrée en avant par le sillon ambulacraire, très légèrement tronquée en arrière, à peu près plate en dessous. A la partie supérieure, le test est renflé ayant sa plus grande hauteur aux deux tiers de la longueur, en arrière du sommet apical; la partie antérieure, par suite de cette disposition, est déclive et le bord n'a que 10 millimètres d'épaisseur, tandis que le bord postérieur en a 16. Pourtour arrondi, pulviné; apex à peu près central 20/38. — Appareil apical allongé, intercalaire, étroit, disjoint. La partie antérieure comprend les quatre plaques génitales et les trois ocellaires ii, iii, iv; ii et iv s'intercalent entre les plaques génitales et se rejoignent au milieu de l'appareil; le madréporide, porté par la plaque génitale 2, est assez étendu et montre de nombreux hydrotrèmes; les deux plaques ocellaires i et v sont rejetées à 7 millimètres des génitales 1 et 4, à la naissance des ambulacres postérieurs. — Ambulacre impair logé dans un sillon peu profond, évasé, bien dessiné cependant et mesurant au milieu 5 millimètres de largeur. Paires de pores assez nombreuses, formées de deux très petits pores ronds, obliques, s'appuyant sur la suture inférieure des plaques. — Ambulacres pairs superficiels, aigus au sommet, s'élargissant à mesure qu'ils s'en éloignent, sans excéder 4 millimètres; ils n'ont aucune tendance à se fermer. Ceux du trivium sont légèrement infléchis près de l'apex; les deux autres sont droits. Zones porifères égales, formées de pores égaux, allongés en fente, un peu obliques et presque disposés en chevrons. Les deux pétales antérieurs ii et iv descendent bien au delà de la moitié de l'espace qui sépare l'apex du bord; les postérieurs i et v sont un peu moins longs; la zone interporifère est aussi large que les deux zones réunies. Au pourtour et à la face inférieure, les pores sont très réduits, unisériés, difficiles à distinguer, sauf autour du péristome, où ils sont plus apparents. — Péristome petit, transverse, ovale, non labié à la partie postérieure; il est situé au quart antérieur, presque à fleur de test. — Périprocte ovale, acuminé en haut et en bas, situé à la partie supérieure de la troncature postérieure. — Tubercules petits, peu nombreux, épars à la face supérieure sur toutes les aires, même sur les aires ambulacraires entre les zones de pores, sauf l'impaire qui en est dépourvue; ils sont plus gros sans être plus serrés autour du péristome. Granules très serrés, homogènes, assez gros.

Nous ne connaissons qu'un exemplaire. Sa forme le rapproche du *Collyrites bi-*

cordata Des Moulins; il est plus circulaire, plus large, et les deux parties de l'apex sont moins éloignées l'une de l'autre. Il est d'ailleurs superflu de pousser plus loin la comparaison, puisqu'il y a un caractère générique différent.

Khanget Fioufi, dans le Dj. Meloussi, par 34°40' de latitude et 6°57' de longitude Est. — Berriasien, selon M. Aubert qui a recueilli ce type intéressant.

Cyclolampas Voltzi (Desor) Pomel [1883].

DIMENSIONS.

Longueur.....	76 millim.	Largeur........	71 millim.	Hauteur.......	(?)
—	65	—	57	—	35 millim.

Nous ne connaissons, de provenance tunisienne, que les deux exemplaires dont nous donnons les dimensions : tous deux sont fort mal conservés. Le plus grand, recueilli par M. Le Mesle au Djebel Zaghouan, ne nous montre que le pourtour et environ 2 centimètres au-dessus; toute la partie supérieure manque; la face inférieure est moins maltraitée; le péristome et ses environs sont en assez bon état. — Forme ovale, ayant sa plus grande largeur un peu en avant du milieu, à l'endroit où les ambulacres pairs antérieurs contournent le bord pour se diriger obliquement vers l'appareil apical qui est beaucoup plus en arrière. L'ambulacre impair, large de 6 millimètres, nous présente au-dessus du bord deux rangées de pores très petits, ronds, obliques entre eux, formant des paires rapprochées dont nous pouvons compter douze superposées de chaque côté. Les deux ambulacres postérieurs sont bien apparents; ils sont larges au bord de 5 millimètres et sont ornés de pores analogues à ceux de l'ambulacre impair; ils laissent entre eux un écartement de 25 millimètres et se rejoignent à 12 millimètres au-dessus du bord, formant une courbe régulière jusqu'au point de jonction. Le périprocte, peu visible, était à la face inférieure, mais tout près de la marge. Le péristome est à peu près central, porté en avant de 2 ou 3 millimètres; il a une forme subpentagonale, avec angles arrondis; tout autour, dans chaque ambulacre, les pores ambulacraires sont disposés en trois rangées de chaque côté, six dans chaque aire, et ces rangées se prolongent sur une grande partie de la face inférieure.

Le second exemplaire a été rencontré par M. Aubert au Djebel Bou-Kourneïn; il est encore plus détérioré que le premier à la face supérieure où l'on ne distingue rien, sauf un reste de l'ambulacre II long d'environ 12 millimètres et dont la direction oblique nous indique où était situé l'apex. Le pourtour est usé, corrodé au point que l'oursin paraît plus allongé qu'il n'a dû l'être réellement. Par contre, la face inférieure est assez bien conservée; le péristome est bien dégagé, et il est facile d'étudier les cinq avenues ambulacraires avec leurs trois rangées de paires de pores dans chaque zone. Ces six rangées se prolongent au delà de la moitié de l'intervalle qui sépare le péristome du bord de l'oursin; elles s'atténuent peu à peu, les plaques qui portent les paires devenant plus hautes, mais la série n'est jamais en ligne droite à la face inférieure.

Nous ne discuterons pas ici l'appropriation de nos exemplaires au *C. Voltzi* Desor ou au *C. Verneuili* Cott. la question étant encore obscure et nos spécimens trop mauvais. Pour le plus grand, comme nous l'avons dit, la distance du périprocte au point de jonction des ambulacres postérieurs est de 12 millimètres, ce qui est peu considérable, vu la taille de l'individu; les aires porifères, en y aboutissant, ne paraissent pas se recourber particulièrement. Cet exemplaire est un des plus grands que nous connaissions; toutefois nous avons dans notre collection un exemplaire mieux conservé, recueilli également par M. Le Mesle, à Rampon près du Pouzin (Ardèche), qui atteint une longueur de 74 millimètres; les détails visibles n'offrent pas de différences appréciables. Un autre individu, beaucoup moins grand, car il ne mesure que 48 millimètres de longueur, mais tout à fait semblable à celui qui a été figuré dans la *Paléontologie française* (pl. 140), offre entre le périprocte et la jonction des ambulacres postérieurs une distance de 8 millimètres. C'est encore M. Le Mesle qui l'a recueilli entre Rians et Ginaservis (Var), dans l'Oxfordien à *Pleurodiadema Stutzi* et à *Amm. bimammatus.*

Djebel Zaghouan, par 36° 20′ de latitude Nord et 7° 45′ de longitude Est. — Djebel Bou-Kourneïn. – Oxfordien supérieur. — Recueilli par M. Aubert.

Collyrites Friburgensis Ooster [1865], pl. XXXII, fig. 32-33; Cotteau, Peron et Gauthier, *Ann. des sc. géol.*, *Échin. foss. de l'Algérie*, 11 [1873]; Coquand, *Bull. de l'Acad. d'Hippone*, XV, 216 [1880]; Cotteau, Peron et Gauthier. *Échin. foss. de l'Algérie*, fasc. I, 31 [1883].

DIMENSIONS.

Longueur..... 50 millim. | Largeur....... 52 millim. | Hauteur ...... 26 millim.

Exemplaire de grande taille, un peu plus large que long, assez élevé, cordiforme, très fortement échancré en avant par le sillon de l'ambulacre impair, considérablement rétréci en arrière; face inférieure à peu près plate, bord arrondi. — L'appareil apical est détruit dans notre unique exemplaire; l'ambulacre impair n'est visible qu'en partie; on peut cependant en suivre la direction par intervalle; les pores, très petits, ronds, obliques entre eux, sont situés à l'extrémité des plaques, près de la suture externe; plus bas, quand l'échancrure du sillon atteint tout son développement, les zones porifères s'abaissent dans le sillon dont la carène émoussée est formée en partie par les plaques interambulacraires. Cette partie de l'oursin, assez bien conservée chez notre exemplaire, est ornée d'une granulation, délicate et très fine, au milieu de laquelle surgissent de nombreux tubercules peu développés. — Des quatre ambulacres pairs nous ne voyons qu'une partie de l'ambulacre antérieur de gauche, malheureusement éraflé, inconvénient qui a d'ailleurs l'avantage de bien montrer la suture des plaques. Nous en distinguons sept ou huit dans la zone antérieure; en prenant les six le plus nettement conservées et contiguës, dont l'inférieure est située à moitié de la hauteur de l'oursin, la série compte 10 millimètres de hauteur; la zone postérieure ne nous montre que quatre plaques, mais justement placées en face des autres, ce qui nous permet de mesurer la largeur de l'aire qui atteint à peine 4 millimètres : les plaques sont donc aussi hautes que larges. — Le péristome est situé près du bord et le sillon impair reste bien marqué et profond à la face inférieure jusqu'à ce qu'il y aboutisse. — Le périprocte est inframarginal mais peu distinct.

RAPPORTS ET DIFFÉRENCES. — Tout incomplet qu'est notre exemplaire, l'attribution spécifique que nous faisons ne nous laisse pas le moindre doute : la forme générale est intacte et représente bien le type; le sillon antérieur si caractéristique et la place du péristome n'offrent aucune divergence. La hauteur des plaques ambulacraires n'a jamais été remarquée, tant il est rare de trouver cet échinide en bon état de conservation.

Nous avons signalé la présence du *C. Friburgensis* en Algérie dès l'année 1873; les premiers spécimens recueillis au Foum Islamem près de Batna, dans des éboulis, nous avaient paru appartenir aux couches oxfordiennes supérieures, d'après la nature de la gangue qui les enveloppait, bien qu'on rencontrât dans le même ravin les couches à *Terebratula janitor*. Nous retrouvons notre espèce au même horizon en Tunisie, car les deux autres échinides qui l'accompagnent, rapportés du Djebel Zaghouan par M. Le Mesle, *C. Voltzi* et *Pleurodiadema Stutzi*, se retrouvent ensemble dans les marnes de Ginaservis à *Amm. bimammatus*.

REMARQUE. — Nous conservons provisoirement pour cette espèce le nom générique de *Collyrites*, bien que nous n'ignorions pas que M. Pomel en a fait le type d'un sous-genre qu'il a appelé *Cardiolampas* : il est bien certain que ce genre *Collyrites* est loin d'être homogène; les auteurs n'ont guère attribué d'importance qu'à la disjonction de l'apex et à la nature des pores ambulacraires, sans tenir aucun compte de plusieurs caractères qui, dans les autres familles, ont une valeur générique. Cependant, même pour ceux qui hésiteraient à admettre entièrement les distinctions un peu minutieuses de M. Pomel, il est facile de reconnaître que ce genre, tel qu'il est établi, renferme au moins deux groupes bien caractérisés, sans parler du *C. Voltzi* qui est tout à fait à part et forme à juste titre le type du genre *Cyclolampas*. Le premier groupe, les vrais *Collyrites*, nous paraît formé par les espèces les plus anciennes, presque toutes jurassiques, qui ont le périprocte supère ou rarement marginal, la face postérieure parfois rétrécie mais jamais acuminée, comme les *C. elliptica, ovalis, Loryi, bicordata*, etc. Le deuxième groupe comprend les espèces à partie postérieure acuminée, avec le périprocte placé à l'extrémité du rostre postérieur; les deux parties de l'apex y sont rapprochées, les plaques ambulacraires hautes, le péristome très excentrique en avant; tels sont les *C. carinata, ovulum, ardua, Jaccardi, Malbosi,* et même *Friburgensis* qui se distingue, il est vrai, par la profondeur de son sillon ambulacraire antérieur, mais qui a aussi les plaques des zones porifères élevées et carrées, comme nous l'avons dit, car, à mi-hauteur du test, trois de ces plaques occupent verticalement un espace de 5 millimètres.

Nous avons établi, par l'intermédiaire du genre *Proholaster,* que le premier groupe, celui des vrais *Collyrites,* mène aux *Holaster;* qui sait si l'on ne démontrera pas plus tard que le second groupe (*Collyropsis*) mène aux *Ananchytidæ,* par l'intermédiaire des *Pseudananchys* de l'Albien, chez qui tous les ambulacres sont semblables et le sillon antérieur presque entièrement effacé? Déjà quelques-uns de ces *Collyropsis,* et tout particulièrement une espèce algérienne, *C. ardua* Peron et Gauthier, affectent dans le Néocomien une forme subconique assez caractérisée.

Pleurodiadema Stutzi (Desor) de Loriol. — *Échinologie helvétique,* 196, pl. XXXIII [1870]; Cotteau, *Pal. fr.* terr. jurass., III, 552, pl. 409 et 410 [1883].

DIMENSIONS.

Diamètre...... 36 millim. | Hauteur...... 19 millim. | Péristome.... 16.5 millim.

Exemplaire de grande taille, circulaire, arrondi et convexe à la partie supérieure, presque plat à la partie inférieure, et à peine déprimé pour le péristome. Test mince. L'appareil apical manque à notre exemplaire. — Aires ambulacraires superficielles, droites, n'excédant pas en largeur, à l'ambitus, le tiers des aires interambulacraires, beaucoup plus restreintes que ces dernières au péristome. Zones porifères droites, formées de plaques primaires du sommet à l'ambitus où elles sont assez hautes (3-4 millimètres), portant chacune une paire de pores très petits, ronds, obliques entre eux, séparés par un petit renflement. Au-dessous de l'ambitus, les plaques primaires sont composées de trois plaquettes : celle du milieu porte un tubercule; elle est un peu rétrécie dans sa partie médiane, mais plus large que les autres à la suture interne; l'inférieure et la supérieure atteignent toutes deux la suture; elles y sont plus étroites et se réunissent à celle du milieu par une ligne courbe dont la convexité est tournée vers cette plaquette. Les pores forment alors, autour du tubercule, un arc de trois paires dont l'adorale rentre plus que les autres. Autour du péristome, les plaques étant moins hautes, l'arc s'aplatit et les paires de pores paraissent un peu multipliées. L'aire est ornée, au-dessous de l'ambitus, par deux séries de 5 ou 6 petits tubercules qui cessent tout à coup, et il n'y en a plus aucun, ni à l'ambitus même, ni au-dessus où les plaques, comme nous l'avons dit, ne sont pas composées; chacune d'elles est alors ornée de deux rangées rapprochées et parallèles de petits granules partant des pores et s'élevant obliquement

vers le milieu de l'aire; la rangée supérieure, plus développée, est composée de 4 à 6 granules, tandis que l'inférieure n'en compte que de 2
à 4. — Aires interambulacraires larges, déprimées au milieu vers le
pourtour et en dessous, portant deux rangées de tubercules crénelés, imperforés, de plus en plus distants à mesure qu'ils s'élèvent; il y en a 7
ou 8 dans chaque série et ils ne diminuent guère de volume en approchant de l'apex. La zone miliaire est très large, ornée irrégulièrement de
groupes de petits granules, nombreux surtout autour des gros tubercules.
À l'ambitus et à la partie inférieure, les granules forment des lignes
multipliées qui vont horizontalement du bord de l'ambulacre au tubercule interambulacraire; il y en a de 4 à 6 rangées pour chaque tubercule, et ces granules sériés, se réunissant souvent entre eux, donnent à
ces lignes l'apparence de petites côtes saillantes qui ont motivé le nom
générique. — Péristome subdécagonal, presque circulaire, à fleur de test,
assez grand; il n'y a point d'entailles branchiales; notre unique exemplaire est d'ailleurs mal conservé en cet endroit. Sur nos exemplaires
européens, qui sont en meilleur état, toute la partie de l'aire interambulacraire qui borde le péristome est relevée en bourrelet. Le spécimen recueilli en Tunisie est plus grand que ceux qui ont été décrits dans l'*Échinologie helvétique* et dans la *Paléontologie française*. La différence de taille
n'altère point le type spécifique et nous ne sommes point parvenu à constater chez notre oursin la présence de caractères particuliers qui puissent
nous autoriser à le séparer des autres. Il paraît relativement moins renflé
que les individus recueillis dans le Var, mais ceux-ci le sont un peu plus
que le type premier de Birmensdorf, sans que la différence, chez les uns
ou chez les autres, puisse avoir une valeur sérieuse.

Djebel Zaghouan, avec les *C. Friburgensis* et *Voltzi.* — Recueilli par M. Le Mesle.

CRINOÏDES.

Millericrinus Meslei Gauthier, pl. XXXII, fig. 34-35.

M. Le Mesle a recueilli un calice de *Millericrinus* de très petite taille, et qui nous paraît ne se rapporter à aucune espèce connue. La plus grande largeur est de 7 millimètres et la hauteur de 4 millimètres. Il se compose des deux premiers articles de la tige, élargis proportionnellement à la base du calice, à faces articulaires radiées. Ils sont surmontés par cinq pièces basales, probablement pentagonales, qui sont suivies de cinq pièces radiales. Malheureusement tout le pourtour a été corrodé par l'action des éléments atmosphériques, au point qu'il ne nous est pas possible, même avec un fort grossissement, de distinguer les sutures. A la face supérieure, la dépression viscérale est de grandeur moyenne; elle est formée par l'épaisseur des cinq radiales et constitue, en s'évasant, cinq cavités entre les deux branches de chaque bourrelet articulaire. Ces bourrelets forment une étoile de cinq pétales dont les branches triangulaires s'allongent le long des sutures des plaques radiales, l'angle rentrant entre chaque pétale étant très prononcé.

Ce petit exemplaire, isolé et médiocrement conservé, se rapproche un peu du *M. Munsterianus* d'Orb.; mais nous ne croyons pas qu'on puisse l'identifier à cette espèce, l'étoile formée par les bourrelets articulaires présentant des angles rentrants plus aigus et plus profonds et des saillies plus marquées.

D'un autre côté, M. Le Mesle ayant communiqué à M. de Loriol quelques fragments de *Crinoïdes* recueillis soit au Dj. Tlalet, soit au Bir Zeguellem, notre savant confrère estime que parmi ces fragments une première radiale se rapproche assez des radiales du *M. Milleri* d'Orb., mais qu'elle s'en distingue par sa face externe uniformément convexe, tandis que la même pièce est toujours plus ou moins concave chez le *M. Milleri*. Avec cette radiale a été rencontré aussi un article basal qui selon toute probabilité appartient à la même espèce, mais qui diffère complètement des mêmes articles chez le *M. Milleri*. D'autres fragments confirment en M. de Loriol l'opinion qu'il est en présence d'une espèce nouvelle. Ces fragments, que nous ne connaissons que par une lettre de notre confrère, appartiennent-ils au même type que notre calice? Nous ne saurions le dire, à cause de sa petite taille et de son médiocre état de conservation.

Djebel Tlalet. — Probablement Kimméridgien.

TABLE ALPHABÉTIQUE

DES GENRES ET ESPÈCES.

PLANCHE XXXII.

PLANCHE XXXII.

Fig. 1-3. Pygurus Meslei.

1. Vu de profil, grandeur naturelle.
2. Le même, vu sur la face supérieure.
3. Autre exemplaire plus grand, face supérieure.

Fig. 4-5. Holectypus corallinus.

4. Vu de profil.
5. Le même, face supérieure.

Fig. 6-19. Hemicidaris Zeguellensis.

6. Vu de profil, grandeur naturelle.
7. Face supérieure.
8. Face inférieure.
9. Autre exemplaire plus élevé, vu de profil (la partie voisine du sommet fait défaut).
10. Aire ambulacraire, grossie.
11. Aire interambulacraire, grossie.
12. Aire interambulacraire moins granuleuse, prise sur un sujet plus jeune.
13-17. Radioles attribués à l'*H. Zeguellensis*, grandeur naturelle.
18. Appareil apical montrant une seule plaque ocellaire postérieure entrant dans le cadre périproctal.
19. Appareil apical, pris sur un autre exemplaire, où les deux plaques ocellaires postérieures font partie du cadre périproctal.

Fig. 20-23. Acrosalenia Meslei.

20. Vu de profil.
21. Face supérieure, de grandeur naturelle.
22. Aire ambulacraire, grossie.
23. Aire interambulacraire, grossie.

Fig. 24-27. Monodiadema Cotteaui.

24. Profil du plus petit de nos exemplaires, qui est le mieux conservé.
25. Le même, face supérieure.
26. Partie supérieure d'une aire ambulacraire.
27. Partie inférieure d'une aire ambulacraire.

Fig. 28-31. Pholaster Auberti.

28. Vu de profil.
29. Le même, face supérieure, de grandeur naturelle.
30. Trivium du *P. Auberti*, grossi.
31. Appareil apical grossi.

Fig. 32-33. Collyrites Fribergensis.

32. Face supérieure.
33. Le même, plaques de l'aire ambulacraire iv (antérieure paire de gauche), grossies.

Fig. 34-35. Millericrinus Meslei.

34. Vu de profil, grandeur naturelle.
35. Le même, partie supérieure du calice, grossie.

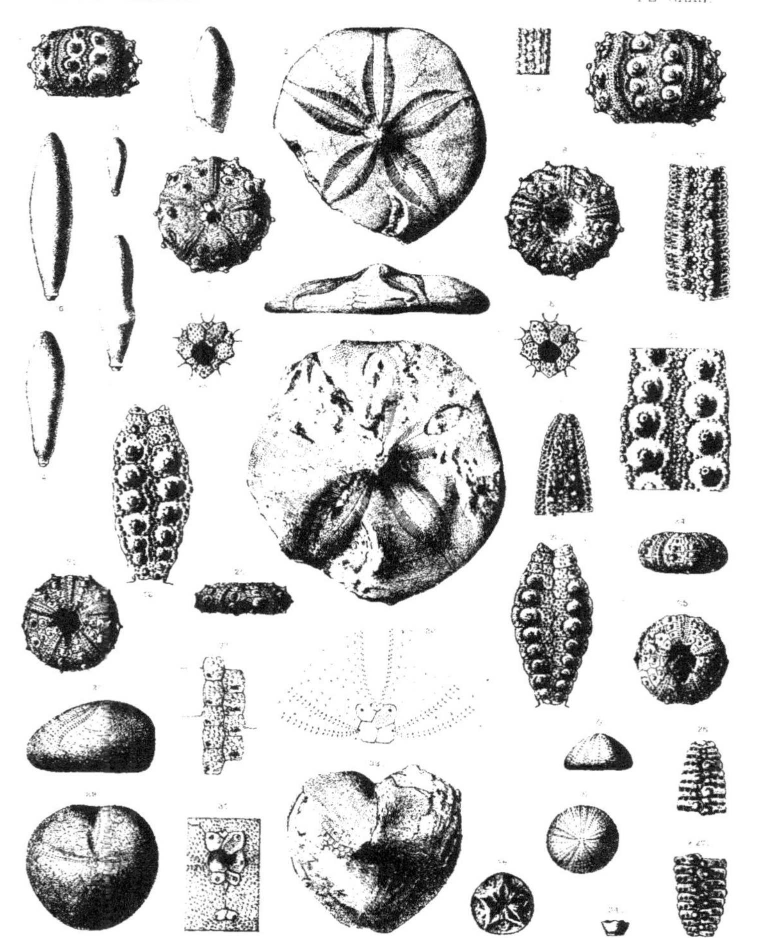

9 782329 654584